AF522734

GROßE KÄMPFER

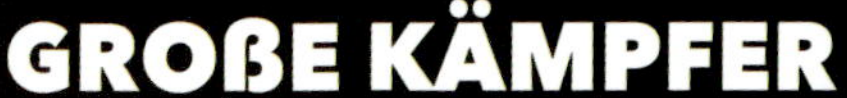

Wikinger

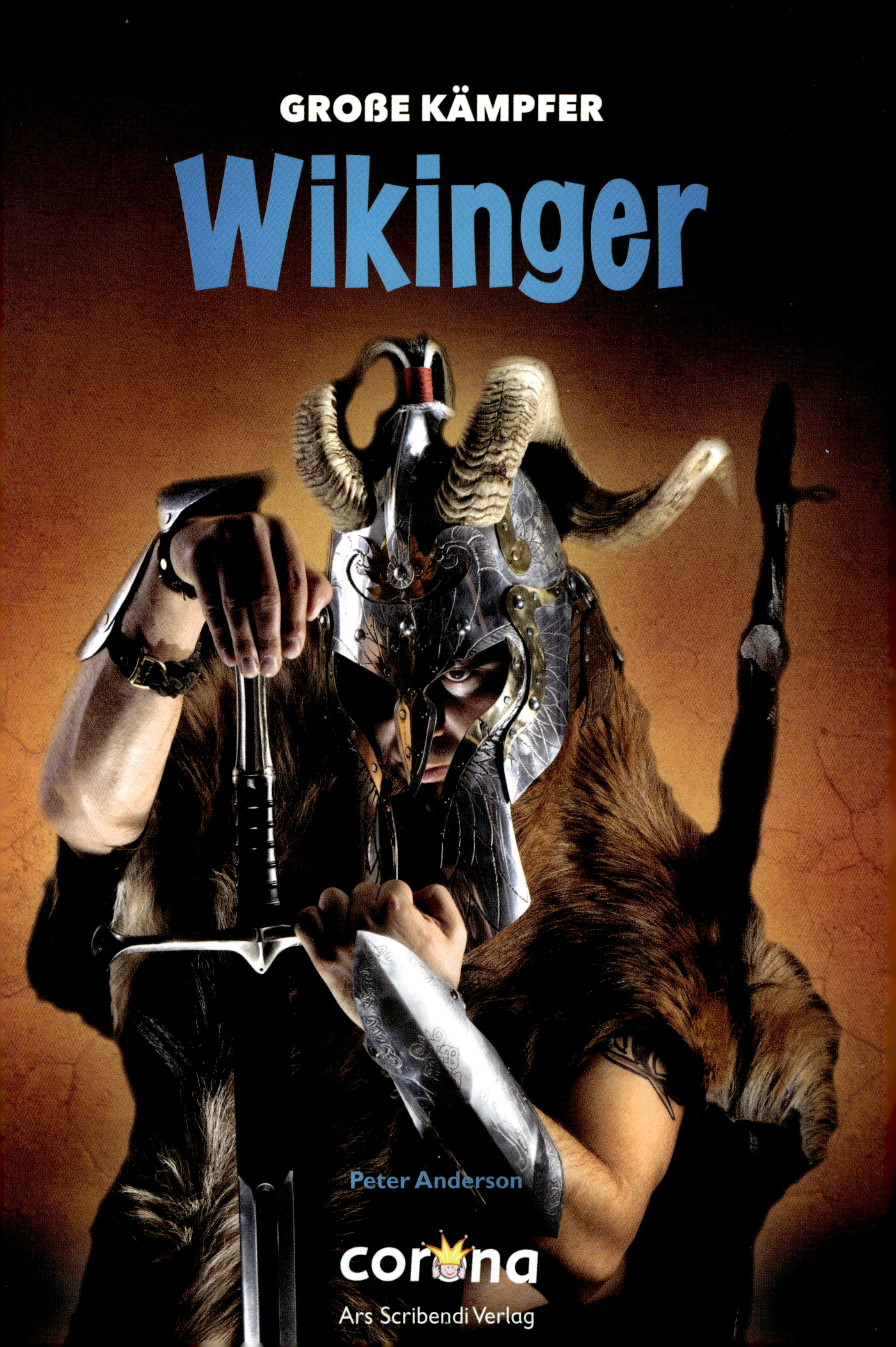

Peter Anderson

corona

Ars Scribendi Verlag

Originaltitel: History's Greatest Warriors: Vikings © 2012 Bellwether Media, Inc.

Übersetzung: Simone Mann, BVK Buch Verlag Kempen GmbH
Redaktion: Christina Klüyken / Sandy Willems-van der Gieth, BVK Buch Verlag Kempen GmbH
DTP deutsche Ausgabe: Freek Kuijstermans
Gedruckt in China

ISBN 978-94-6341-539-2

Kontaktieren Sie lektorat@coronalesen.de oder besuchen Sie: www.coronalesen.de.
Fragen zu den Veröffentlichungen von Ars Scribendi richten Sie bitte an den Herausgeber.
Der Herausgeber übernimmt keine Verantwortung für Fehler oder Missverständnisse.

Rechenschaftspflicht
Der Herausgeber dankt den folgenden Personen und Organisationen für die Erlaubnis, ihr Material in dieser Publikation zu verwenden und zu reproduzieren: © AFP/Getty Images, Frontcover und 11, 14; © Kachalkina Veronika, 4-5; © Juan Martinez, 7; © Lalo Villar/AP Images, 8-9; © Bob Orsillo, 10; © John Coutts/Photolibrary, 12; © David Lomax/Photolibrary, 13 (klein); © Troy GB images/Alamy, 16; © CreativeHQ, 17 (Streitaxt); © 3drenderings, 17 (Bogen); © Gary Ombler/Getty Images, 17 (Pfeil); © Martin Mayer/Alamy, 18-19; © Troy GB images/Alamy, 20-21.

Mehr Informationen über unser Programm finden Sie auf www.coronalesen.de.
Bestellen können Sie über unsere Webseite oder über den (Online-)Buchhandel.

Dieses Logo bietet Erstlesern, leseschwachen Kindern, Lehrern und Lehrerinnen online eine zusätzliche Hilfe zu diesem Buch.

Verwenden Sie dafür den Code auf **www.coronalesen.de**

15392

Einige Wörter sind **fett** gedruckt.
Erklärungen findest du auf
Seite 22 im Glossar.

Wer waren die Wikinger?

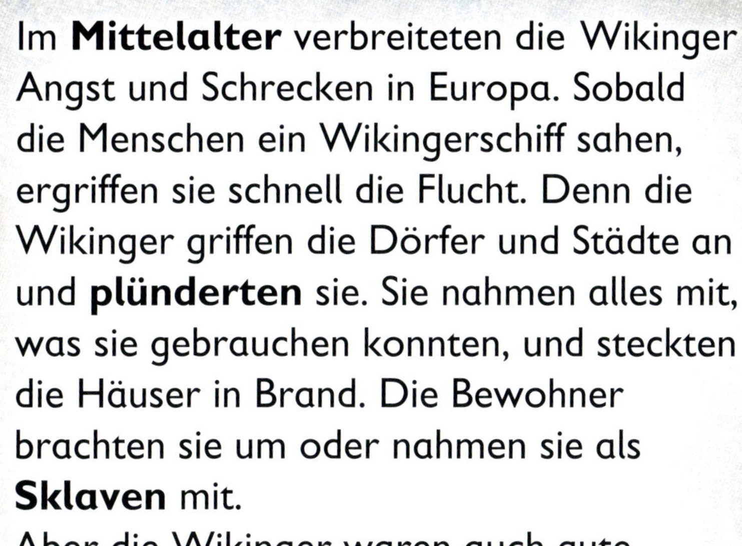

Im **Mittelalter** verbreiteten die Wikinger Angst und Schrecken in Europa. Sobald die Menschen ein Wikingerschiff sahen, ergriffen sie schnell die Flucht. Denn die Wikinger griffen die Dörfer und Städte an und **plünderten** sie. Sie nahmen alles mit, was sie gebrauchen konnten, und steckten die Häuser in Brand. Die Bewohner brachten sie um oder nahmen sie als **Sklaven** mit.

Aber die Wikinger waren auch gute Seemänner und große Entdecker. Mit ihren Schiffen reisten sie nach Asien und Nordamerika. An vielen Orten errichteten sie **Kolonien** und legten **Handelsrouten** an.

Wikinger-Wissen

Wikinger wurden auch Normannen genannt, denn sie waren „Männer aus dem Norden“.

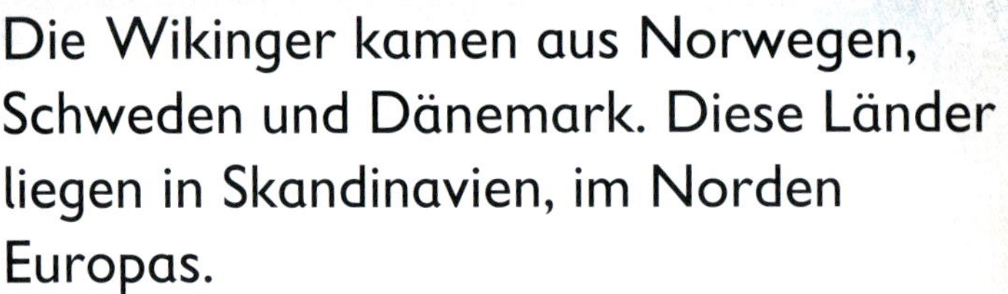

Die Wikinger kamen aus Norwegen, Schweden und Dänemark. Diese Länder liegen in Skandinavien, im Norden Europas.
Wikinger lebten als Bauern und Fischer. Vom 8. bis ins 12. Jahrhundert segelten sie vor allem in andere Gebiete Europas. Dort gingen sie auf Beutezug.
Die meisten Wikinger waren **Heiden.** Sie plünderten die Kirchen der **Christen.** Diese Kirchen wurden nicht gut verteidigt. Deshalb konnten die Wikinger Gold und andere wertvolle Gegenstände ganz leicht stehlen.

Wikinger-Wissen

Die Wikinger waren die ersten Europäer, die Nordamerika erreichten. Der Wikinger Leif Eriksson und seine Mannschaft kamen etwa um 1000 **n. Chr.** dort an. Christoph Kolumbus entdeckte Amerika erst 500 Jahre später wieder!

SKANDINAVIEN
Norwegen
Schweden
Finnland
Dänemark
EUROPA

Einige Wikinger waren echte Rohlinge. Man nannte sie *Berserker*. Diese unheimlichen und grausamen Kämpfer machten vor nichts halt. Sie benahmen sich wie wilde Tiere. Manchmal trugen sie Masken vor dem Gesicht und Wolfsfelle auf ihrem Kopf und ihrem Rücken. Kaum einer überlebte einen Kampf gegen einen Berserker!

Walhall, der Himmel für Helden!

Alle Krieger, die im Kampf auf dem Schlachtfeld starben, kamen nach Walhall. Das glaubten zumindest die Wikinger.
Walhall war für sie eine große Halle, in der ihr Gott Odin regierte. Verstorbene Wikinger sollten dort den ganzen Tag kämpfen. Eines Nachts würden ihre Wunden dann verheilt sein und sie würden zu einem Festmahl gehen.

Wikinger-Wissen

Laut den Wikingern hatte Walhall etwa 540 Türen. Durch jedes Tor konnten 800 Wikinger gleichzeitig eintreten. Die Mauern von Walhall waren angeblich aus Speeren und das Dach bestand aus Schilden!

Wikinger-Training

Schon früh lernten Wikinger-Kinder zu kämpfen. Jungen und Mädchen konnten Krieger werden. Sie mussten sehr viel mit Schwertern und anderen Waffen üben. Wenn sie dann gut kämpfen konnten, durften sie mit den Erwachsenen auf Beutezug gehen. Die jungen Wikinger lernten auch das Segeln, **Kartenlesen** und **Navigieren.** Außerdem mussten sie alles über die **Gezeiten** und **Strömungen** wissen. Denn so konnten sie die beste Fahrtroute bestimmen.

Schiffe und Waffen

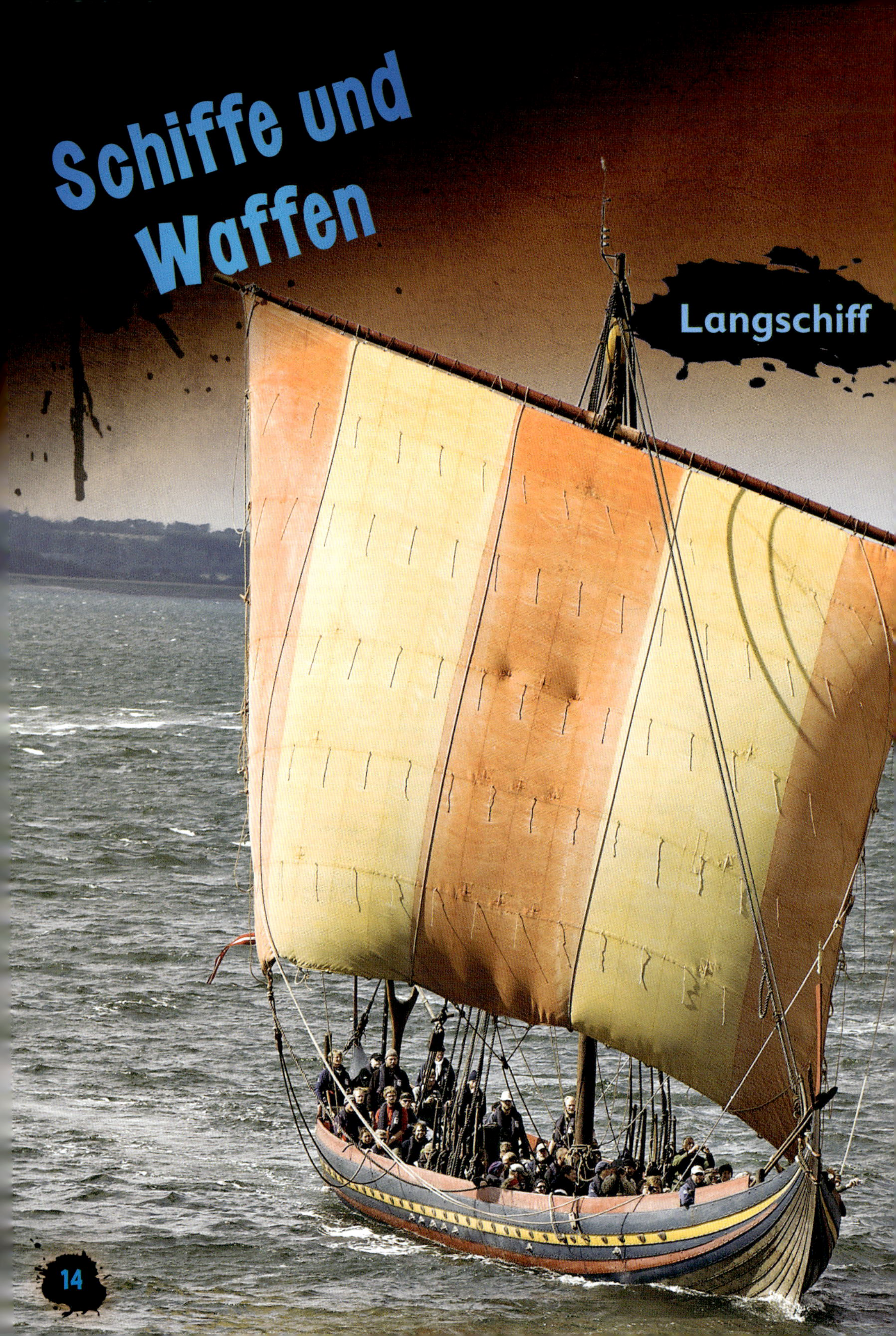

Die Wikinger hatten besondere Schiffe. Diese Langschiffe waren schmal und lang hatten nur wenig **Tiefgang.** So konnten sie in tiefen und flachen Gewässern fahren und einfach ans Ufer gelangen. Außerdem hatten die Schiffe Segel und Ruder. Die Segel nutzten die Wikinger, wenn sie auf hoher See waren. In flachen Gewässern setzten sie die Ruder ein.

Wikinger-Wissen

Auf einem Langschiff war Platz für ungefähr 50 Wikinger. Die Schiffe reisten oft zusammen in einer **Flotte.**

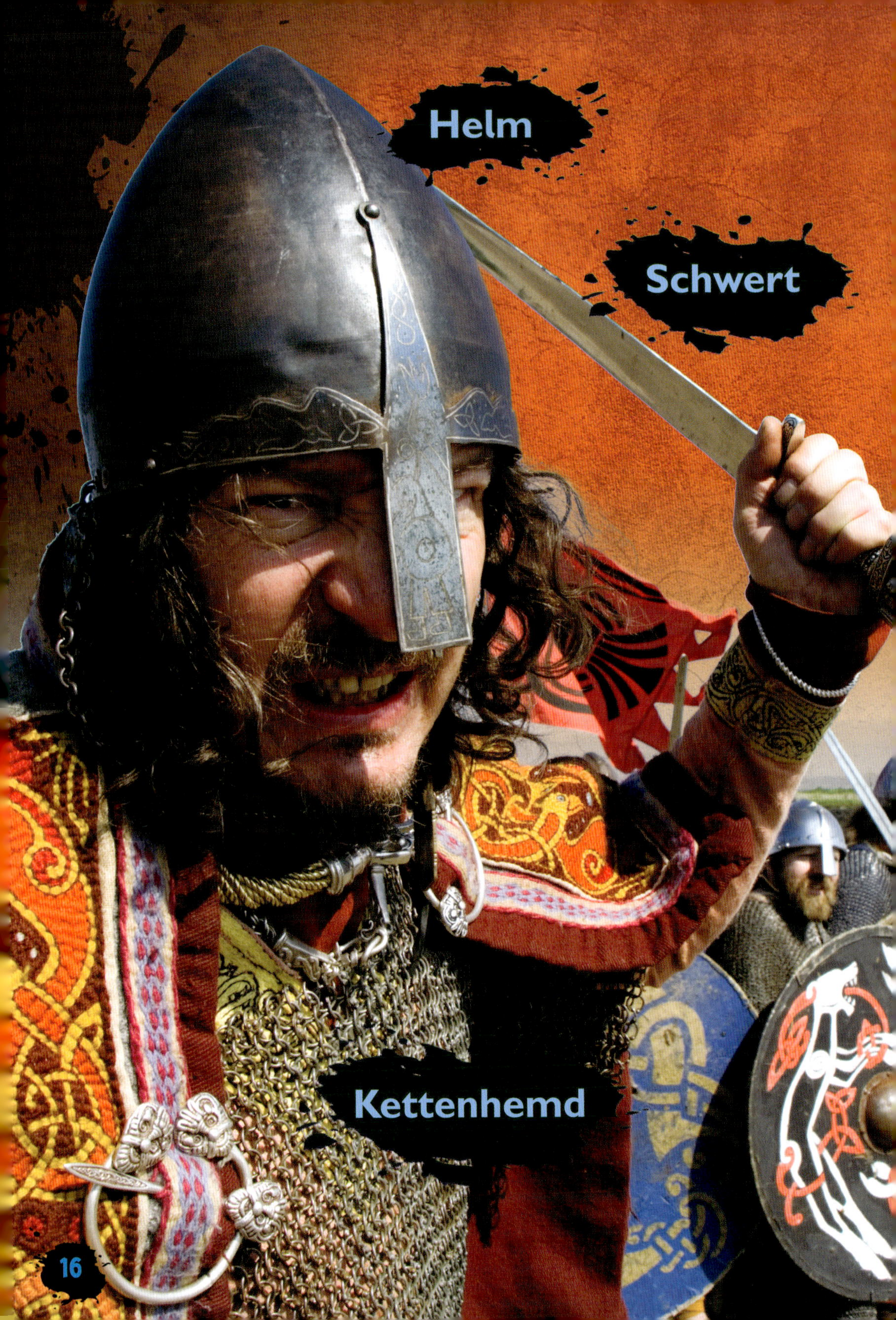
Helm
Schwert
Kettenhemd

Die Wikinger kämpften mit verschiedenen Waffen. Die meisten Wikinger nahmen einen Speer oder Pfeil und Bogen als Waffe. Aber sie kämpften auch mit Schwertern und Beilen. Mit brennenden Pfeilen setzten sie viele Dörfer in Brand.

Sie mussten sich auch gegen die Waffen ihrer Feinde schützen. Dafür trugen die Wikinger einen Helm und eine Lederrüstung oder ein **Kettenhemd.** Außerdem nutzten sie einen Schild, um sich zu schützen.

Das Ende der Wikinger

Im Mittelalter wurden sehr viele Kriege geführt. In dieser Zeit gab es nur wenige Völker, die es wagten, gegen die Wikinger zu kämpfen. Aber Ende des 11. Jahrhunderts änderte sich das. England und Frankreich waren mächtiger geworden und besaßen bessere Waffen und Schiffe. Dadurch waren sie stark genug, um die Wikinger anzugreifen und zu **versklaven.**

Norweger und Dänen hatten im 11. Jahrhundert nur noch wenig Lust darauf, ständig Krieg zu führen. Darum blieben sie öfter zu Hause. Viele Bewohner Skandinaviens wurden sogar Christen. Die Zeit der Beutezüge der Wikinger war vorbei. Das Ende des Zeitalters der Wikinger war gekommen. Die grausamen Krieger verschwanden …

Glossar

Christ	Jemand, der an Gott und seinen Sohn Jesus Christus glaubt.
Flotte	mehrere große Schjiffe zusammen
Gezeiten	So nennt man das Abwechseln von Ebbe (niedriger Wasserstand) und Flut (hoher Wasserstand).
Handelsroute	Das ist eine von Händlern genutzte Strecke über Land oder Wasser.
Heiden	Menschen im Mittelalter, die nicht an den christlichen Gott glaubten.
Kartenlesen	Wissen, wo auf einer Karte man sich gerade befindet und wohin man gehen / fahren muss.
Kettenhemd	eine schwere Rüstung aus kleinen Metallringen
Kolonie	Ein Gebiet in einem Land, das von einem fremden Land erobert und besiedelt wurde.
Mittelalter	Eine Zeitspanne in der Geschichte, die das 5. bis 15. Jahrhundert umfasst.
n. Chr.	nach Christus / nach der Geburt Jesu Christi
navigieren	ein Schiff über eine bestimmte Route führen
plündern	in ein Gebiet oder ein Gebäuden einfallen und alle Sachen stehlen
Sklave (versklaven)	Ein Mensch, der als Eigentum eines anderen Menschen angesehen wird. Er muss hart arbeiten und wird dafür nicht bezahlt.
Strömung	die Bewegung des Wassers in einem Meer oder einem Fluss
Tiefgang	Der Tiefgang eines Schiffes sagt aus, wie tief das Schiff unter Wasser ragt.

Erfahre noch mehr

Bücher:

Wikinger. Nordmänner zur See (Was ist was, Band 58), Andrea Schaller, Tessloff Verlag 2016

Wikinger: Krieger des Nordens (memo Kids), Dorling Kindersley 2014

Erik, der Wikingerjunge, Frank Schwieger, Gerstenberg Verlag 2018

Internetseiten:

www.zdf.de/kinder/logo/die-wikinger-116.html

Hier kannst du noch einmal lesen, wer die Wikinger waren. Außerdem erfährst du, mit welchen Waffen sie gekämpft haben.

www.geo.de/geolino/wissen/1531-rtkl-wikinger-grosse-wikinger

Auf dieser Seite kannst du nachlesen, wer die großen Wikingerherrscher waren. Erfahre, wie sie zu ihren lustigen, aber auch grausamen Namen gekommen sind.